Extrait de l'*Ingénieur-Constructeur* (Janvier-février 1913)

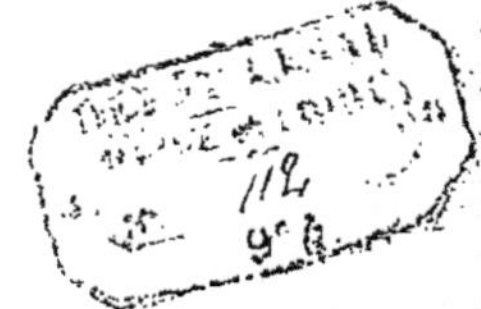

CHEMIN DE FER

A TRACTION ÉLECTRIQUE

DE VILLEFRANCHE A BOURG-MADAME

PAR

J. CASTEX

Conducteur des Ponts et Chaussées

—

PRIX : 1 Fr.

—

PARIS

Association Amicale des Élèves et Anciens Élèves
de l'École spéciale des Travaux Publics
du Bâtiment et de l'Industrie
61 *bis, boulevard Saint-Germain*

—

1913

Extrait de l'*Ingénieur Constructeur* (Janvier-février 1913)

CHEMIN DE FER

A TRACTION ÉLECTRIQUE

DE VILLEFRANCHE A BOURG-MADAME

PAR

J. CASTEX

Conducteur des Ponts et Chaussées

PRIX : 1 Fr.

PARIS

Association Amicale des Élèves et Anciens Élèves
de l'École spéciale des Travaux Publics
du Bâtiment et de l'Industrie
61 *bis, boulevard Saint-Germain*

1913

CHEMINS DE FER

Chemin de fer à traction électrique
de Villefranche à Bourg-Madame

(Pyrénées-Orientales)

I. — Description de la ligne

La ligne électrique de Villefranche à Bourg-Madame se raccorde dans la gare de Villefranche (altitude : 426 mètres) à celle à voie normale venant de Perpignan. Elle a une longueur totale d'environ 56 kilomètres.

De Villefranche à Joncet, la plateforme avait été établie pour la voie normale. La plus forte rampe est de $24^m/_m$ par mètre et les rayons minima sont de 300 mètres.

A partir de Joncet et jusqu'à Bourg-Madame, la plateforme a été exécutée spécialement pour la ligne électrique.

De Joncet à Olette, et de Mont-Louis à Bourg-Madame, les rampes et pentes maxima sont de $50^m/_m$; entre Olette et Mont-Louis, dans la partie la plus accidentée, elles sont de $60^m/_m$. Le rayon minimum adopté pour les courbes est de 80 mètres.

De Villefranche à Mont-Louis la ligne remonte la vallée de la Tet, région la plus pittoresque du parcours. Après avoir dépassé Olette et la halte de Nyer, on traverse les gorges de Canaveilles au fond desquelles on aperçoit un établissement de bains qu'alimentent des sources sulfurées iodiques. Les établissements de toute cette région sont généralement alimentés par des sources de même genre plus ou moins chaudes. On arrive

ensuite à la halte de Thués-les-Bains desservant l'établissement
de ba ns de ce nom. On a de ce point une jolie vue sur la partie
haute de la vallée de la Tet : les bords de la rivière sont boisés et
par endroits cultivés, mais les flancs de la montagne, surtout ceux
exposés au midi, sont dénudés (*fig.* 1).

Fig. 1. — Vallée de la Tet, à Thués.

En montant encore on passe à proximité des gorges de Carença,
magnifique couloir taillé dans le rocher, et au fond desquelles
coule un ruisseau alimenté par les étangs de Carena (2.266 mètres).
Un sentier forestier suit le ruisseau et permet d'aller aux étangs.

A Fontpédrouse (1.050^{m}70), on trouve un établissement ther-
mal « Bains de Saint-Thomas ». Un chemin permet encore d'aller
aux étangs de Carença et un autre à l'Ermitage espagnol de
Nuria. La route des étangs par Fontpédrouse suit la crête de la
montagne et permet d'admirer le panorama de la ségion comprise
à l'est du Carlitte.

A Mont-Louis (1.600 mètres), la ligne a quitté la vallée de la
Tet pour passer sur le plateau de la Perche. Mont-Louis est une
station climatérique importante et un centre d'excursions. On
peut visiter très facilement les étangs de la Bouillouse et du Car-

litte, l'ermitage et la forêt de Font-Romeu et le plateau du Capcir.

Fig. 2. — Vallée de la Tet. Entrée des gorges de Carença.

Après avoir traversé le col de la Perche à la station de Bolquère-Eyne (1 591ᵐ72), point le plus élevé de la ligne, on se trouve sur le versant espagnol. Depuis ce point jusqu'au col Rigat, on traverse un pays dénudé, bien dégagé, mais uniforme. Les versants des montagnes qui l'entourent sont boisés, mais les sommets sont nus et sans neige en été.

Fig. 3. — Vallée de la Tet, à Fontpédrouse.

Au col Rigat (1.484^{m}12), on découvre le magnifique panorama de la Cerdagne française et espagnole.

Bourg-Madame, point terminus de la ligne, n'a d'intérêt qu'à cause de sa proximité de la ville espagnole de Puycerda, station climatérique très importante, fréquentée surtout par les Espagnols.

Puycerda est la capitale de la Cerdagne espagnole, ses vieilles maisons aux nombreux balcons et ses églises décorées dans le goût propre au pays, en font une ville très curieuse. Autour d'un lac artificiel, datant de 1310, une ville nouvelle s'est formée composée surtout de villas très belles, appartenant à de riches Barcelonais.

A six kilomètres environ au nord de Bourg-Madame se trouve la station thermale des Escaldes.

La Cerdagne est une région très fréquentée par les touristes à cause de ses beautés naturelles et de son climat tempéré en été. On y trouve de nombreux villages parmi lesquels Llivia, qui forme une curieuse enclave espagnole reliée à Puycerda par un chemin neutre.

La nouvelle ligne sera surtout pour le moment une ligne de touristes, le commerce et l'industrie sont peu développés dans la région qu'elle dessert et qui comprend une population d'environ 20.000 âmes. Le trafic le plus important se fera à la station de Joncet où aboutissent déjà trois chemins de fer miniers, transportant les minerais de fer et où de nouvelles installations sont projetées, mais cette station n'est qu'à 6 kilomètres de Villefranche.

La ligne sera encore alimentée par les bois du Capcir, destinés surtout au boisage des mines et par les pommes de terre et les poires de Cerdagne et du Capcir.

Le chemin de fer ne transportera dans cette région que les objets nécessaires à la consommation.

Cependant il y a lieu d'espérer qu'il se produira certainement pour cette ligne, ce qui s'est produit partout ailleurs, la pénétration rendant les transports plus économiques, des mines nouvelles peuvent être exploitées et des industries nouvelles créées grâce à la houille blanche qui rend à la vie les pays de montagne.

La ligne de Villefranche à Bourg-Madame a été déclarée d'utilité publique par la loi du 4 mars 1903 qui en a donné la concession à la Compagnie des Chemins de fer du Midi; son infrastructure a été complètement terminée en 1909. Le premier tronçon de Villefranche à Mont-Louis a été livré à l'exploitation

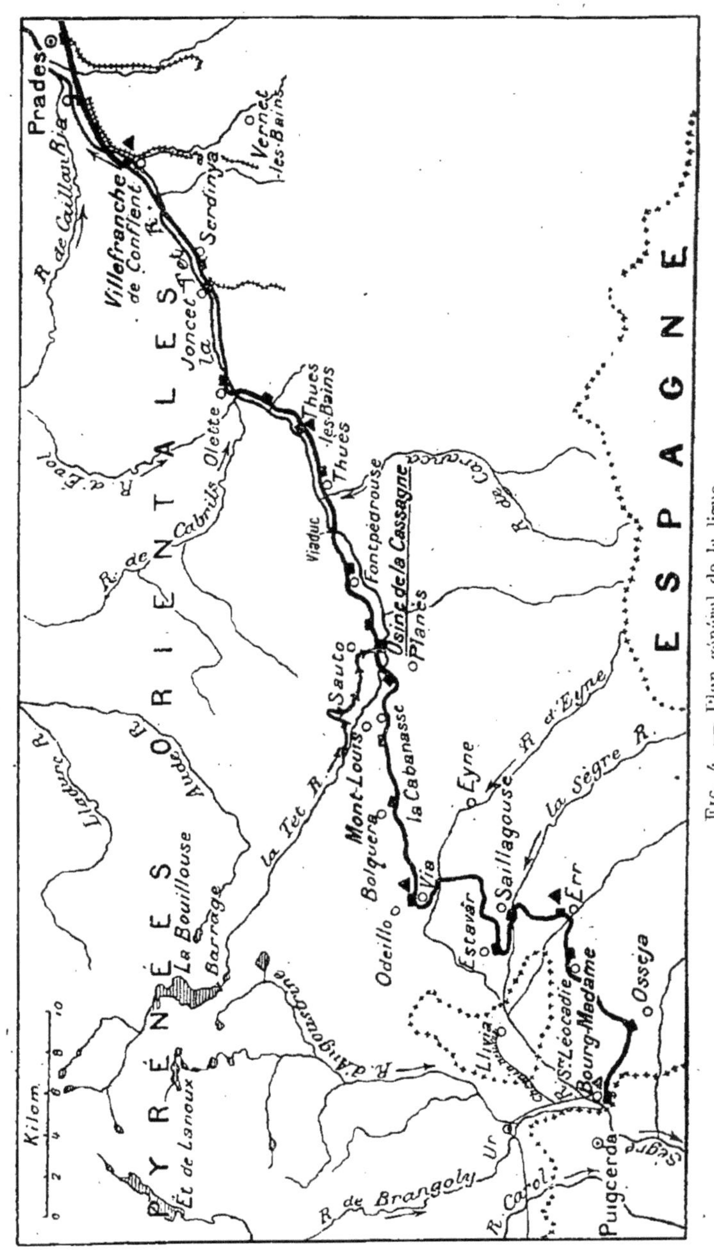

Fig. 4. — Plan général de la ligne

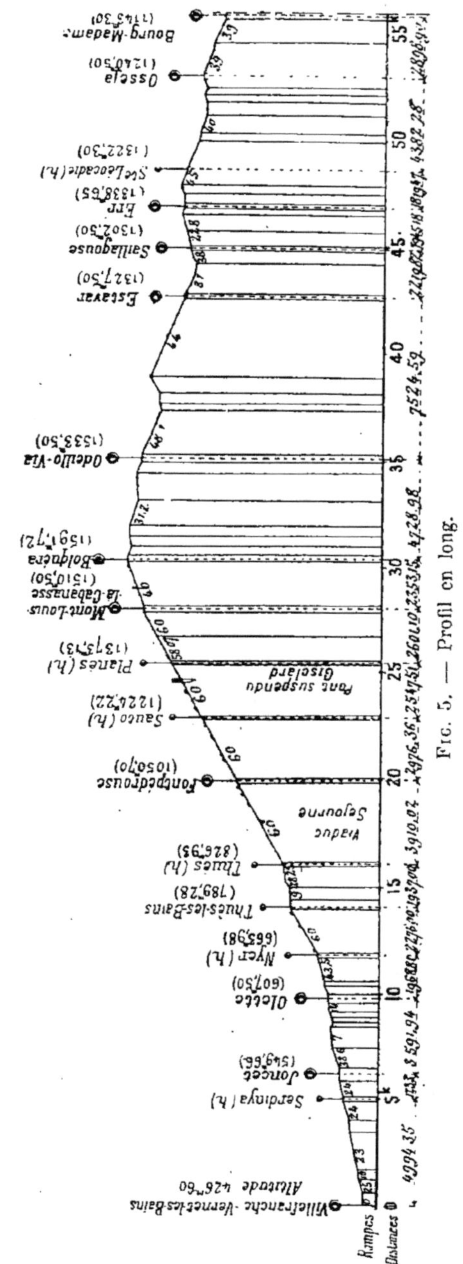

Fig. 5. — Profil en long.

en juillet 1910 et le deuxième, de Mont-Louis à Bourg-Madame, le 28 juin 1911.

Elle présente cette particularité d'avoir été étudiée et exécutée en 6 ans, malgré les nombreuses difficultés qu'on a rencontrées.

Nous nous proposons, dans la présente notice, d'exposer seulement les caractéristiques qui font différer cette ligne des autres, et de donner les éléments nécessaires permettant d'établir des prix de revient approximatifs lorsqu'on se trouvera dans des conditions à peu près semblables.

Nous n'avons pas insisté outre mesure sur l'installation électrique qui s'est trouvée un peu démodée au moment où la ligne a été mise en service à cause des progrès de la traction par courant monophasé.

II. — Terrassements. — Profils-types

Les divers profils ont été établis en vue de l'adoption du dévers maximum donné par la formule $\delta = L \times 0{,}0033$. Nous donnons ci-contre les divers types adoptés. La largeur totale de la plate-forme est de 4m70, 2m40 à droite, 2m30 à gauche; elle est élargie de 0m10 du côté du rail conducteur.

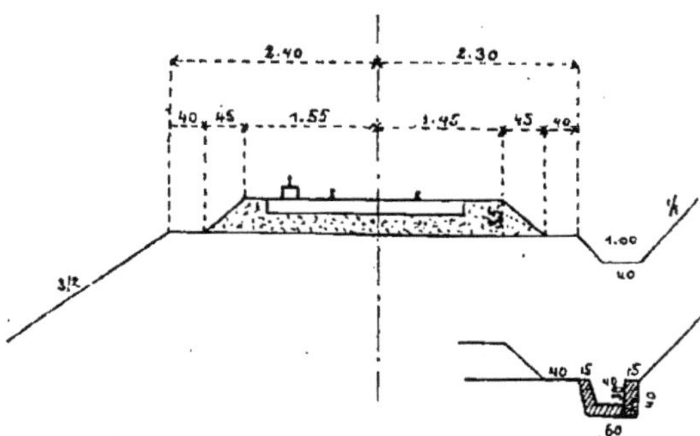

Fig. 6. — Profil en travers courant.

Dans les parties en courbe on a donné au côté convexe de la plate-forme une surlargeur égale à une fois et demie le dévers. (Voir le chapitre voie.)

Quand là pente de la ligne dépasse 0,03 par mètre, on a revêtu les fossés en béton de ciment suivant le type donné par le croquis ci-contre;

2° Profils retréci en déblai.

Les tranchées dans le rocher ont été exécutées suivant le profil ci-contré (*fig.* 7), avec des murettes garde ballast et des refuges tous les 50 mètres.

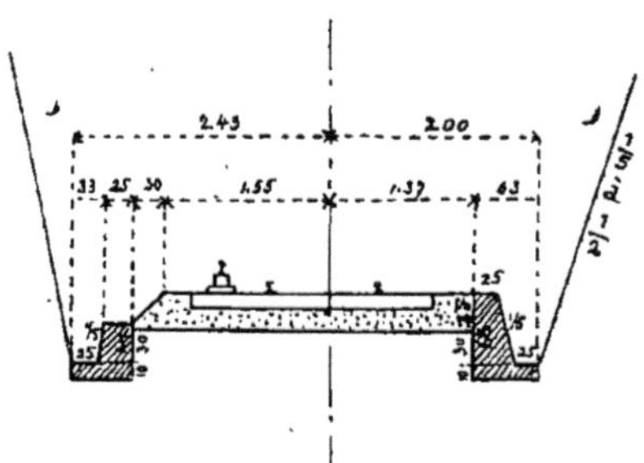

FIG. 7. — Profil en travers dans les terrains
rocheux.

La largeur totale de la plateforme est de 3m47 et le rail conducteur est placé généralement à droite de l'axe.

Dans les parties en courbe, lorsque le côté convexe est à droite, on a donné à la plate-forme une surlargeur égale à une fois et demie le dévers, et lorsque le côté convexe est à gauche, on a augmenté la hauteur de la murette de la valeur du dévers.

Dans tous les profils on a donné à la plate-forme un bombement de 0m05 sur l'axe pour assurer l'écoulement des eaux.

A partir de Fontpédrouse (1.050m70), les tranchées étant en hiver une cause d'amoncellement des neiges sur la voie, on a établi autant que possible le tracé à flanc de coteau, et lorsque la tranchée n'a pas pu être évitée on a déblayé le côté de la vallée jusqu'au niveau de la plate-forme. Dans certains cas, à la traversée d'un col, par exemple, on a couvert la tranchée.

III. — Souterrains

Pour l'établissement du profil de chaque souterrain, on a dû tenir compte des considérations suivantes :

1° Pour que l'axe de la voie coïncide avec l'axe du souterra n, on a été conduit à placer le troisième rail d'un côté de cet axe et le dalot collecteur des eaux de l'autre côté, celui-ci étant toujours du côté de la montagne ou du côté d'où jaillissent les sources les plus abondantes;

2° Pour assainir la plate-forme on a dû lui donner une pente transversale conduisant les eaux dans le dalot;

3° Le souterrain a dû être élargi aux naissances pour permettre le passage du gabarit de 2,80 × 3,50 dans les parties en courbe à cause du dévers.

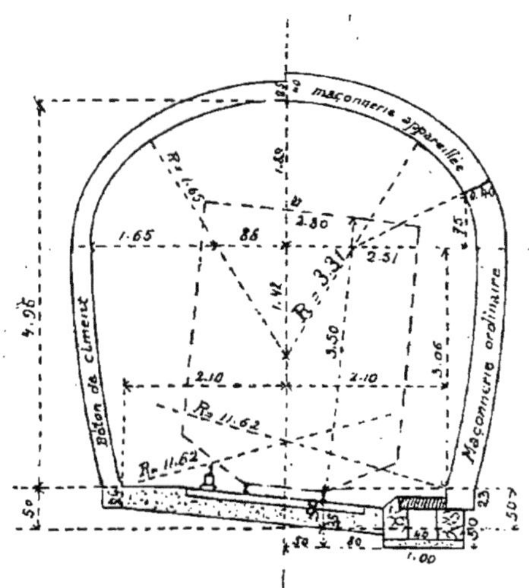

Fig. 8. — Profil type d'un souterrain en courbe.

4° Au-dessus de Fontpédrouse, on a dû couvrir les tranchées aux abords des têtes des souterrains pour éviter les amoncellements de neige. Ces tranchées étaient d'ailleurs, en général, très courtes, à cause des fortes inclinaisons du terrain. Nous donnons (*fig.* 8), un profil type de souterrain en courbe de 80 mètres avec dévers à droite. Le profil en alignement n'a que 4ᵐ35 d'ouverture aux naissances au lieu de 5ᵐ02.

Le revêtement dans le rocher tendre ou délité a été fait en maçonnerie ordinaire de 0ᵐ40 d'épaisseur. Dans les voûtes on a payé une plus-value aux entrepreneurs pour que les lits des moellons soient sensiblement réguliers. Dans trois souterrains seulement, le revêtement a dû être renforcé sur certaines parties.

Fig. 9. — Tête du souterrain de Nyer.

Dans le rocher assez dur on s'est contenté d'un revêtement de 0m25 en béton à 2 parties de mortier de ciment à 600 kilos pour 3 de gravier.

Le prix de revient du mètre courant de souterrain a varié entre 475 et 625 francs.

IV. — **Consolidation des terrassements** .

Les terrains rencontrés par la ligne sont formés de roches schisteuses entre Villefranche et Thués-les-Bains et au-delà, de roches granitiques. On rencontre également dans la partie basse vers Villefranche des dépôts lacustres formés de sable et galets roulés et dans la partie haute au delà d'Olette, des moraines glaciaires et des éboulis. Ces terrains sont généralement stables, et lorsqu'ils se délitent, il suffit de les mettre à l'abri des intempéries au moyen de faibles revêtements en maçonnerie ou en béton, pour éviter les éboulements.

Les travaux de consolidation entrent pour une somme minime dans le prix d'établissement de la ligne.

V. — **Murs de soutènement**

On a adopté, à de rares exceptions près, pour les murs de soutènement de la voie, le type indiqué par le profil ci-contre (*fig.* 10).

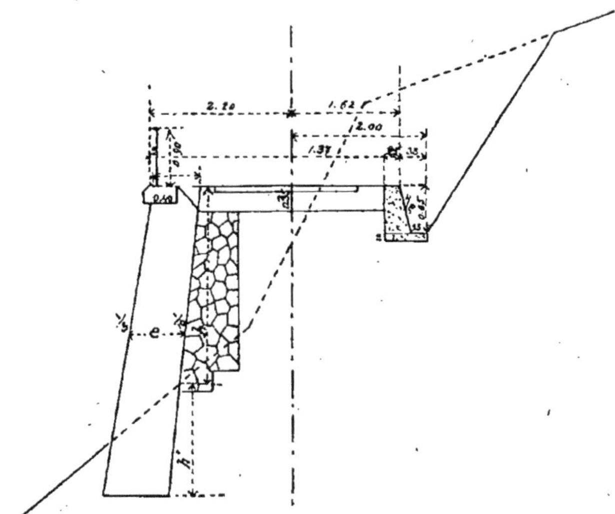

Fig. 10. — Profil-type avec mur de soutènement

L'épaisseur moyenne de ces murs étant donnée par la formule :

$$e = 0,25h + \mathrm{K}h'$$

K étant un coefficient variant entre 0,20 en terrain meuble et 0,08 dans le rocher.

Derrière ces murs, on a établi un remblai rocheux à la main, de 0,60 d'épaisseur au niveau des terrassements.

On a dû tenir compte également, pour l'arasement de ces murs, du dévers adopté dans les courbes. On a suivi à ce sujet la règle suivante : pour le côté convexe des courbes, la largeur de la plate-forme ne variant pas, l'arasement était à 0,35 plus le dévers au-dessus de la cote rouge. Pour le côté concave, la hauteur étant toujours de 0,35 au-dessus de la cote rouge, la largeur de la plate-forme était augmentée d'une quantité égale au dévers.

VI. — Buses, aqueducs, ponceaux

On a adopté les types courants pour les buses, les aqueducs et les ponceaux.

Nous signalerons pourtant un type de ponceau métallique appliqué assez souvent, et constitué seulement par deux longerons sous rails noyés dans une dalle de ciment armé formant tablier.

VII. — Ouvrages d'art ordinaires

Tous les ouvrages de la ligne ainsi que les murs de soutènement ont été construits en granit.

On a adopté pour les ponts et viaducs les types courants ; leur largeur en alignement droit est de 4m20 entre garde-corps, et 4m14 entre tympans. Dans les parties en courbe, on a adopté pour le surélèvement du côté convexe et l'élargissement du côté concave les mêmes règles que pour les murs de soutènement.

Pour les viaducs en forte rampe, les naissances des voûtes suivent la rampe. On a dû pour cela adopter deux rayons pour les voûtes. Ainsi dans un viaduc à arches de 10 mètres en rampe de 0,06 par mètre, on a dû prendre comme rayons de l'intrados des voûtes de 5m56 et 4m64.

En général, les tympans des ouvrages suivent la courbe, mais lorsque l'ouverture des voûtes est telle que l'aplomb de la clef est à une trop grande distance de la ligne des naissances, on a

Fig. 11. — Viaduc de La Cabanasse.

tracé les tympans suivant des courbes de plus grand rayon que celui de l'axe. Dans les viaducs le fruit des piles varie de 0,005 chaque 4 mètres en partant des naissances des voûtes. Le fruit longitudinal est au départ de 0,01, puis de 0,015, 0,02... Dans les courbes le fruit du côté convexe est au départ de 0,02 par mètre, puis de 0,025... et celui du côté concave 0,005, puis 0,01 0,015...

Fig. 12. — Viaduc du Paillat (5 arches de 10 mètres, en courbe de 60 mètres).

Nous indiquerons quelques prix de revient.
Les ponts de 6 mètres d'ouverture ont coûté en moyenne

Fig. 13. — Viaduc de Ramonails

12.500 francs; ceux de 10 mètres, 18.000 francs. Un viaduc à 5 arches de 10 mètres a coûté environ 67.000 francs et au mètre linéaire : 615 francs. On a dû, pour la majorité de ces ouvrages, fermer complètement la vallée avec les murs en retour de culées, la déclivité du terrain ne permettant pas de loger du remblai derrière les culées. Cette circonstance a augmenté leur prix de revient.

On a dû franchir certains ravins dont les flancs sont taillés à pic dans la montagne, par des ponts à culées perdues. Parmi ces ouvrages, un des plus importants est celui de Ramonails (*fig.* 13), qui passe à 35 mètres au-dessus du fond du ravin et qui est constitué par une voûte de 40 mètres de portée et de 12 mètres de montée avec 1ᵐ20 d'épaisseur à la clef. Les tympans sont évidés par des voûtes de 4 mètres. La longueur de cet ouvrage est de 63ᵐ60. Son prix au mètre linéaire est de 1.410 francs.

VIII. — Ponts métalliques

Entre Villefranche et Olette, la ligne suit le fond de la vallée et traverse quatre fois la rivière de la Tet. On a dû pour ces traversées adopter des ponts métalliques. Tous ces ouvrages sont en acier laminé. Le plus important, celui de Villefranche, a 50 mètres de portée. Ses poutres principales à treillis à barres surabondantes ont une longueur de 51ᵐ50 entre appuis et une hauteur de 4ᵐ80 entre talons de cornières.

Le tableau ci-dessous donne le poids et le prix de revient de la partie métallique de ces ouvrages :

DÉSIGNATION	POIDS	PRIX DE REVIENT TOTAL	PRIX DE REVIENT DU MÈTRE LINÉAIRE
Pont de 50 mètres.	123.156	65.210 fr. 10	1.304 fr. 40
30 —	58.330	31.193 50	1.039 78
25 —	46.104	24.341 60	973 66
20 —	35.932	19.078 15	953 90

FIG. 14. — Pont métallique de 20 mètres sur la Tet.

IX. — **Ouvrages d'art exceptionnels**

La vallée de la Tet est traversée à une grande hauteur entre Thués et Mont-Louis par deux grands ouvrages : le viaduc de Fontpédrouse et le pont suspendu rigide de La Cassagne.

Viaduc de Fontpédrouse. — Le projet a été dressé par M. Séjourné, ingénieur en chef des Ponts et Chaussées, et l'exécution en a été assurée par M. Lanusse, ingénieur des Ponts et Chaussées.

Ce viaduc comprend deux étages.

L'étage intérieur est composé d'une voûte en ogive de 30 mètres

Fig. 15. — Voûte en ogive du viaduc de Fontpédrouse.

***

de portée et de 19 mètres de montée. Les tympans sont évidés par des voûtes en plein cintre de 5 mètres d'ouverture.

L'étage supérieur est divisé en trois parties par deux piles culées : 2 viaducs d'approche sur les versanst de la vallée et un viaduc central sur l'ogive.

Les viaducs d'approche sont formés par des arches en plein cintre de 9 mètres d'ouverture; celui côté Villefranche a 2 arches, celui côté Bourg-Madame, 10. Les pilles ont 1^{m}80 d'épaisseur aux naissances et sont en fruit sur les 4 faces.

Le viaduc central, établi entre deux piles culées de 6^{m}50, a ses piles intermédiaires établies sur l'étage inférieur, de telle sorte que la pile médiane est sur la clef de l'ogive; les tympans sont évidés par des voûtes de 5^{m}80 de portée.

Les voûtes ont 17 mètres d'ouverture. La courbe d'intrados est formée de deux quarts de cercle tangents à la clef dont les rayons sont 9.112 et 7.888. Cette disposition a pour effet de racheter la rampe de 60 % de la ligne.

Les piles ont 15^{m}876 de hauteur au-dessus de l'étage inférieur; elles ont aux naissances des voûtes 2^{m}89 transversalement et 3^{m}40 longitudinalement. La hauteur de l'étage jusqu'au niveau du ballast est de 26 mètres.

La hauteur totale de l'ouvrage au-dessus de la rivière est de 65 mètres.

En vue de réduire la dépense au strict minimum, on a donné à l'arasement de l'ouvrage une largeur de 2^{m}50 seulement; les piles et les tympans étant en fruit. La largeur de la base des piles sur l'étage inférieur n'est que de 4^{m}16 et la largeur de l'arasement de l'étage inférieur 4^{m}96.

Cette disposition est la caractéristique de l'ouvrage.

Pour réaliser la largeur de 4^{m}20 nécessaire entre garde-corps, on a posé sur l'ouvrage une dalle en béton armé. Cette dalle repose sur des poutres en béton armé qui font saillie sur les tympans du viaduc; les armatures longitudinales sont ancrées dans la culée pour s'opposer aux efforts dus à la dilatation. Cet ancrage a été efficace puisqu'on n'a remarqué aucune fissure de la dalle après trois années d'observations.

La longueur totale de l'ouvrage est de 239 mètres, son prix de

Fig. 16. — Viaduc de Fontpédrouse.

revient total au mètre linéaire est de 2.510 francs et au mètre superficiel en élévation de 103 francs.

La proportion du fer dans la dalle en béton armé est de 20 kilos au mètre carré et 185 kilos au mètre cube.

Le prix de la dalle est de 28 francs au mètre carré et 255 francs au mètre cube.

Pont suspendu rigide de La Cassagne. — Le projet du pont suspendu rigide de la Cassagne a été dressé suivant un type nouveau inventé par le commandant Gisclard. L'ouvrage a été exécuté par la maison Arnodin de Châteauneuf-sur-Loire (Loiret).

Sa longueur est de 270 mètres, son prix de revient au mètre linéaire est de 4.058 francs et au mètre superficiel en élévation de 102 fr. 50.

Le prix du mètre linéaire de la partie métallique est de 2.081 fr.

Cet ouvrage a fait l'objet d'une note spéciale publiée dans le n° 37 (octobre 1909), de cette revue, par notre regretté camarade Toulet.

X. — Voie

Courbes de raccordements. — Les courbes de raccordement sont des arcs de cercles raccordés aux alignements par des arcs paraboliques. La parabole de raccordement a pour équation :

1° Entre Villefranche et Joncet : $y = \dfrac{x^3}{135.000}$

2° Entre Joncet et Bourg-Madame : $y = \dfrac{x^3}{14.400}$

x étant l'abscisse de la parabole mesurée à partir du point de contact ou l'alignement.

R étant le rayon de la courbe, la longueur du raccordement est donnée

par : 1° entre Villefranche et Joncet $L = \dfrac{22.500}{R}$

2 Entre Joncet et Bourg-Madame $L = \dfrac{2.400}{R}$

Le déplacement latéral à faire subir à l'arc de cercle de rayon R vers son centre est d'environ le tiers de l'ordonnée extrême de la parabole de raccordement.

Fig. 17. — Pont de la Cassagne

Parabole de raccordement

$$1^o\ y = \frac{x^3}{135.000}$$
$$2^o\ y = \frac{x^3}{14.400}$$

entre Villefranche et Joncet entre Joncet et Bourg-Madame

ABSCISSE $x = $ AM	ORDONNÉE $y = $ MP
0	0
5	0,0009
10	0.007
15	0.025
20	0.059
25	0.116
30	0.200
35	0.320
40	0.474
45	0.678
50	0.926
55	1.240
60	1.600
65	2.040
70	2.540
75	3.125

ABSCISSE $x = $ AM	ORDONNÉE $y = $ MP
0	0
5	0.008
10	0.068
15	0.234
20	0.555
25	1.085
30	1.857

Longueur de raccordement

$$L = \frac{22500}{R} \text{ (entre Villefranche et Joncet).}$$

$$L = \frac{2400}{R} \text{ (entre Joncet et Bourg-Madame).}$$

Déplacement DC $= 1/3$ DB (Ordonnée du cercle primitif).

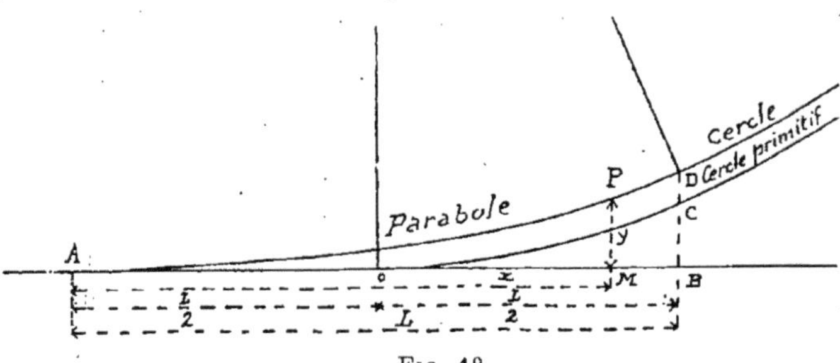

Fig. 18.

Le dévers maximum primitivement prévu et qui a servi pour l'établissement de la plateforme était de $\delta = $ L $\times$ 0,0033.

La Compagnie a adopté ensuite pour les diverses vitesses autorisées suivant les déclivités, des dévers différents, sans pour cela se servir de la formule $\delta = \dfrac{11,80a^2}{R}$ usitée pour les lignes de son réseau, elle semble avoir admis la formule $\delta = \dfrac{8a^2}{R}$ dans laquelle $a = 1,40$ V.

Pour les rampes de 0 à 30 millimètres la vitesse v maximum est de 50 kilomètres; dans celles de 30 à 50 millimètres elle est de 40 kilomètres et dans celles de 50 à 60 millimètres elle est de 25 kilomètres.

Le tableau ci-dessous donne les dévers adoptés par la Compagnie du Midi.

FIXATION DU DÉVERS			
	Dévers ou surélévation de la file extérieure en millimètres pour les valeurs de α égales à		
RAYONS DES COURBES	36 de Villefranche à Joncet	28 de Joncet à Olette et de Mont-Louis à Odeillo	18 d'Olette à Mont-Louis et d'Odeillo à Bourg-Madame
80^m inclus à 100^m exclus	»	76	31
100 — 120 —	»	61	25
120 — 150 —	»	50	20
150 — 200 —	»	40	16
200 — 250 —	»	30	12
250 — 300 —	»	24	10
300 — 350 —	34	20	8
350 — 400 —	29	17	7
400 — 500 —	26	15	6
500 — 600 —	21	12	5
600 — 800 —	17	10	4
800 — 1000 —	13	7	3
1000 — 1500 —	10	6	2
1500 et au-dessus.	7	4	1

Dans le raccordement parabolique la déclivité rachetant le dévers est de :

$$0,00045 \text{ pour } a = 36.$$
$$0,0026 \quad \text{ pour } a = 28.$$
$$0,0010 \quad \text{ pour } a = 18.$$

Entre 2 courbes de 80 de rayon de sens contraire, la déclivité est légèrement augmentée par l'interposition entre les deux courbes successives d'une partie de 5 mètres sans dévers.

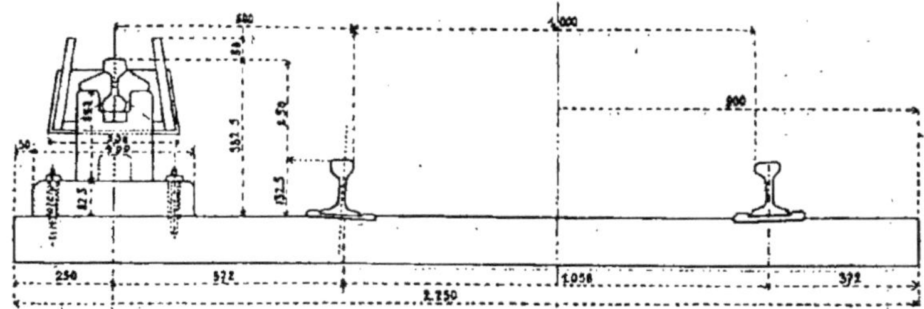

FIG. 19. — Coupe transversale de la voie.

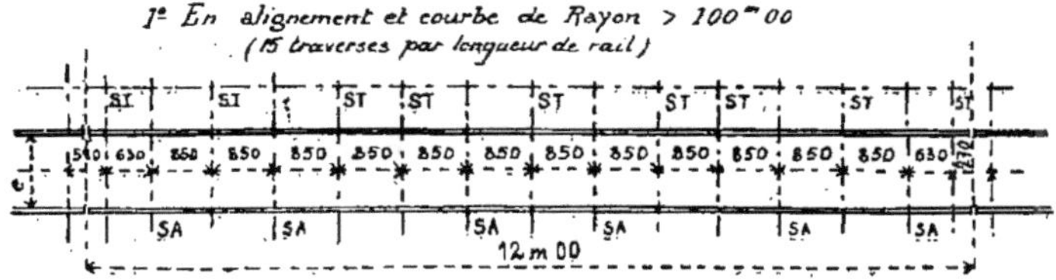

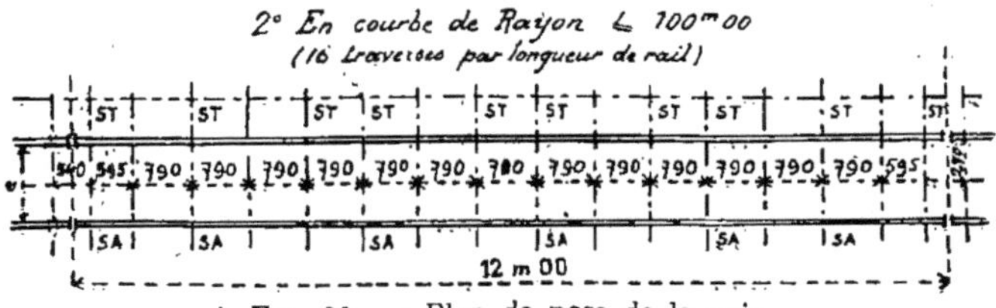

FIG. 20. — Plan de pose de la voie.

Légende : SA, selle arrêt.

       ST, selle à talon.

       e, 1 mètre en alignement et courbe de R $>$ 150 mètres.

       e, 1ᵐ01 pour courbe de R $<$ 150 mètres..

Pentes et rampes. — Dans le profil en long de la ligne (*fig.* 5), les déclivités différant de plus de 0,005 sont raccordées par des arcs de cercle de 1,000 mètres de rayon.

Voie. — La coupe transversale de la voie est représentée par la *fig.* 19.

Nous donnons également (*fig.* 20), un plan de pose de la voie dans'les parties en alignement ou en courbe de plus de 100 mètres de rayon ; et dans les courbes dont le rayon est plus petit ou égal à 100 mètres. Les rails sont du type Vignole de 125 millimètres de hauteur et de 97 millimètres de base, leur poids est de 30 kilos au mètre courant et leur module de résistance est égal à 0,0001275. Ils sont en acier Bessemer. Leur longueur normale est de 12 mètres, dans les parties en courbe on emploie, concurremment avec les rails de 12 mètres, des rails courts de 11m842 pour maintenir les joints d'équerre. Leur axe est incliné au 1/20 vers l'axe de la voie. Entre les rails et les traverses on a interposé soit des selles à talon à quatre tirefonds, soit des selles-arrêts à trois tirefonds. Ces tirefonds pèsent 0 kil. 390 chacun.

Les selles à talon pèsent 2 kil. 246 et les selles arrêts 4 kil. 068. Les selles arrêts s'opposent au cheminement de la voie dans les fortes pentes ; elles sont formées d'une large bande d'acier recourbée ; la branche horizontale est interposée entre le rail et la traverse comme une selle à talon, et la branche verticale épouse la forme du rail pour s'appuyer sur l'âme à laquelle elle est fixée au moyen d'un boulon de 20 millimètres.

Les éclisses sont en forme de cornière et fixées aux rails par quatre boulons de 20 millimètres. Leur longueur totale est de 680 millimètres ; elles pèsent, celles canelées 10 kil. 700, celles pleines 11 kil. 500. Elles sont tirefonnées sur les traverses voisines par quatre tirefonds pesant 0 kil. 420 chacun, ce dispositif a pour effet de s'opposer, comme les selles arrêts, au déplacement longitudinal de la voie.

Branchements. — Les changements de voie sont formés par des aiguilles de 4 mètres et des contre-aiguilles de 5 mètres. L'angle du croisement a une tangente égale à 0m11. Pour les voies intermédiaires servant à raccorder le changement au croi-

Fig. 21. — Voie sur le pont de la Cassagne.

sement on a adopté deux types : 1º type ordinaire formé par une courbe de 147m766 de rayon partant du talon de l'aiguille et tangente à l'alignement du croisement à 0,503 en arrière de la pointe mathématique du cœur; 2º type raccourci formé par une courbe de 80 mètres de rayon partant du talon de l'aiguille et tangente à l'alignement du cœur.

Dans le premier type, la pointe mathématique du cœur est à 16m274 de la pointe de l'aiguille, et dans le deuxième à 14m303. La longueur totale du branchement du premier type est de 20m528 et celle du deuxième type 18m557.

Le deuxième type est employé presque exclusivement. Le levier de manœuvre est du système Vaneste.

XI. — Équipement électrique de la voie

Les automotrices prennent le courant, par l'intermédiaire d'un frotteur, sur un rail spécial en acier, à double champignon. de 11 mètres de longueur et pesant 39 kilos au mètre courant.

L'axe de ce rail est à 0m600 de l'intérieur du rail de roulement le plus voisin, et le dessus est à 0m250 du dessus de même rail.

Il est supporté par des dés en grès vernissé placés sur des tasseaux en bois tirefonnés sur les traverses de la voie dont la longueur a été augmentée à cet effet, ainsi qu'on peut le remarquer sur le profil.

Les rails sont éclissés au moyen d'éclisses ordinaires à 4 boulons; pous assurer la continuité électrique on a décapé les extrémités des rails et des éclisses avec du carborandum, et on les a enduits avec une pâte plastique conductrice fournie par la maison Brown-Boveri.

Le décapement avait d'abord été effectué par une décapeuse à air comprimé envoyant un jet de sable sec sur les joints, mais par suite d'un accident cette machine a été détériorée et on a décapé à la main. La stabilité du rail de prise de courant est compromise très sérieusement par les effets dus à la dilatation. A la suite d'une élévation ou d'une diminution de température, l'allongement ou le raccourcissement qui en résulte ont pour effet, dans les parties en courbe, de faire déplacer le rail vers l'extérieur de la courbe ou vers le centre. A la suite de ce déplacement, les frotteurs des automotrices quittent le dessus du rail et frottent sur le côté. On comprend que, dans ce cas, le rail peut être renversé, les supports n'offrant pas une assez grande résistance.

Le renversement pourrait se produire même sans avoir été causé par le frotteur. La dilatation par exemple a pour effet de faire cheminer le rail dans les alignements droits et d'augmenter l'allongement et par suite le déversement dans les parties courbes.

On a remédié aux effets dus aux changements de température en installant de distance en distance des joints de dilatation (*fig.* 22).

Comme il n'est pas certain que dans les courbes le cheminement du rail se fasse vers le joint, on a augmenté la résistance des dés en les contrebutant par des équerres en

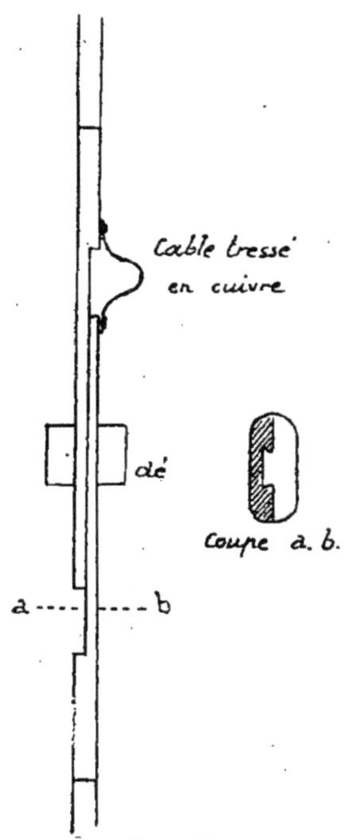

Fig. 22.
Plan d'un joint de dilatation.

fonte .On évite ainsi le déversement dans les courbes.

D'autre part, dans les fortes pentes, le rail a des tendances à descendre, la dilatation se produisant toujours dans le sens de la pente.

Pour obvier à cet inconvénient on a placé des éclisses spéciales formant une saillie au-dessous du rail; ces éclisses sont placées entre deux dés contrebutés par des équerres en fonte qui augmentent leur résistance.

Aux passages à niveau, aux changements de voie, aux croisements, le rail de prise a été interrompu sur une longueur suffisante pour permettre la traversée soit des piétons et voitures, so t des automotrices. Pour qu'un frotteur d'une même automotrice soit toujours en contact avec le rail de prise de courant, l'interruption ne doit pas être faite sur plus de 9 mètres environ, et les automotrices sont d'ailleurs munies de 4 frotteurs installés aux quatre coins du châssis.

A chaque extrémité d'interruption le rail est taillé en sifflet, de façon à permettre au frotteur de reprendre sa place sans à coup.

La continuité du courant est assurée par un câble en cuivre revêtu d'une enveloppe isolante et enterré dans le ballast de la voie.

A l'entrée et à la sortie de chaque station et aux endroits jugés convenables on a installé des sectionneurs permettant d'interrompre le courant sur une certaine partie de la voie.

XII. — Usine électrique

L'usine électrique produisant le courant nécessaire aux automotrices, utilise les eaux de la rivière de la Tet pour actionner ses turbines.

La Tet prend sa source en amont des étangs de la Bouillouse alimentés par les ruisseaux descendant du col de la Grave (2.397 mètres) et des contreforts du Puig-Péric (2.810 mètres).

Le bassin alimentaire de la Tet est presque dénudé, son sol est formé de roches granitiques, imperméables et les glaciers y font complètement défaut à cause de son peu d'altitude. La seule réserve pouvait être constituée par les étangs de la Bouillouse, mais leur profondeur étant très faible, cette réserve était insignifiante, aussi le débit de la rivière était-il très variable, et même insuffisant pendant la période d'étiage, c'est-à-dire pendant les mois de septembre à février. Des observations faites de 1898 à 1905 à 1.500 mètres en amont de la prise d'eau actuelle, il résulte que le débit moyen en période d'étiage a varié entre $0^{m3}250$ et $0^{m3}911$ et que le débit moyen annuel a varié entre $0^{m3}988$ et $2^{m3}165$. On a constaté durant cette période des débits minima descendant jusqu'à 147 litres.

Dans ces conditions, l'établissement d'un réservoir artificiel s'imposait. Ce réservoir était d'ailleurs réclamé depuis plusieurs années par les propriétaires de la plaine s'étendant de Prades à Perpignan; plaine où l'irrigation est très développée; le régime trop varié de la Tet était cause de la perte des récoltes pendant les années de sécheresse. La superficie du bassin alimentant la

Fig. 23. — La grande Bouillouse et le Puig Péric.

Tet jusqu'au déversoir qui a permis de faire les jaugeages cités plus haut a 4.500 hectares; le déversoir est approximativement à la cote 1625, situé à environ 700 mètres en amont de la prise d'eau du canal de l'usine électrique.

Le débit moyen de la rivière en ce point a été évalué à $1^{m3}125$, ce qui représente pour une année un débit total de $35.478.000^{m3}$ et par suite une hauteur moyenne d'eau de pluie écoulée de $0^{m}7884$. Or, d'après les observations pluviométriques faites dans cette région, on a observé pendant la même période une hauteur d'eau moyenne tombée annuellement de $0^{m}7692$.

Si on admet un coefficient de déperdition de 0,25 on aura une hauteur d'eau écoulée qui sera de 0,5768 dans la région du déversoir et qui augmentera au fur et à mesure qu'on s'élèvera.

FIG. 24. — Mont-Louis-Les Bouillouses (massif du Carlitte).

Elle pourra être de un mètre dans la région de la Bouillouse située à plus de 2.000 mètres d'altitude moyenne.

Ce coefficient au-dessus de la réalité, est indiqué par M. Pacoret pour les terres naturelles, ce qui n'est pas le cas du sol de cette région ; il conduit à une hauteur d'eau de 1^m25 tombée dans la région de la Bouillouse, ce qui est certainement au-dessous de la réalité.

En admettant le chiffre de un mètre d'eau de pluie écoulée, le bassin de la Bouillouse qui a une superficie de 2.600 hectares recevra annuellement 28.000.000 mètres cubes d'eau. La réserve constituée à la Bouillouse pas la construction du barrage est de 13.000.000 de mètres cubes, elle forme un étang d'une superficie d'environ 150 hectares.

Cette réserve permettra d'ajouter au débit de la Tet un mètre cube par seconde pendant 5 mois, ce qui est largement suffisant pour les besoins de la ligne et rendra de grands services aux agriculteurs du Roussillon, puisque l'eau est restituée à la rivière avant d'être utilisée par les canaux d'arrosage.

Barrage de la Bouillouse. — Le barrage de la Bouillouse a une longueur de 350m50 en ligne droite; il est terminé sur la rive gauche, en arrière du déversoir, par un mur en courbe de 14m30 de rayon et de 11m83 de développement.

La caractéristique de ce barrage est d'être mis à l'abri du contact de l'eau par un masque en maçonnerie absolument indépendant s'appuyant sur des piles qui font corps avec le barrage. Ce masque a été établi sur toute la partie du barrage dont la hauteur est supérieure à 5 mètres. Il a une longueur totale de 252 mètres. Le puits central du barrage le partage en deux parties inégales de 76 mètres côté rive droite et 176 mètres côté rive gauche. Ce masque est constitué par un mur de 0m50 d'épaisseur au sommet avec des fruits de 0,05 par mètre côté amont et 0,01344 par côté du barrage. Ce mur est formé par une série de voûtes à génératrices verticales de 3 mètres de corde et de 0m5 de flèche séparées par des parties droites ménagées entre elles qui viennent simplement s'appuyer sur des piles qui font corps avec le barrage. Un aqueduc établi dans le socle des fondations du barrage, au fond des puits formés par les voûtes, recueille toute l'eau qui traverse le masque. Ces eaux s'écoulent dans un puisard établi au fond du puits central, et de là, par un tuyau en fonte dans le canal de prise d'eau. Pour éviter le renversement du masque, on a placé à sa partie inférieure une dalle en ciment armé qui vient s'ancrer à 0m80 en arrière de la face amont du

FIG. 25. — Vue du barrage, le plan d'eau étant à 3 mètres environ au-dessous du plein.

barrage et qui se recourbe sur la face amont du masque. Des
dispositifs spéciaux assurent l'étanchéité des joints de dilatation
ménagés dans le masque.

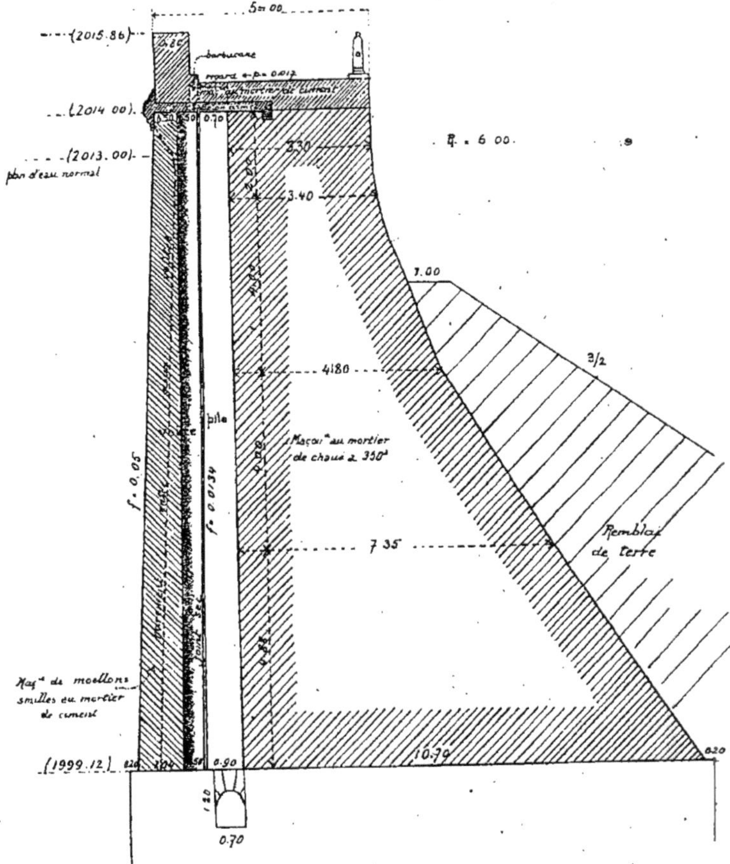

Fig. 26.   Profil en travers du barrage.

La plus grande hauteur du barrage au-dessus du socle des fondations est de 15m56. Le niveau du dessus du couronnement est
à la cote 2014,68. Le niveau normal de la retenue à la cote

2013. L'évacuation du trop plein se fait par un déversoir de 40 mètres.

Le prix de revient total de l'ouvrage est de 2.267.000 francs. Le prix de revient du mètre cube de capacité est d'environ 0 fr. 175.

Nous donnons (*fig.* 26), le profil de cet ouvrage.

Canal d'amenée. — La prise d'eau du canal d'amenée est située en amont de la route nationale n° 118 d'Albi en Espagne. Elle est constituée par un barrage dans la rivière de la Tet dont nous donnons une coupe (*fig.* 27), et dont la crête forme en plan une courbe de 30 mètres de rayon tournée vers l'amont.

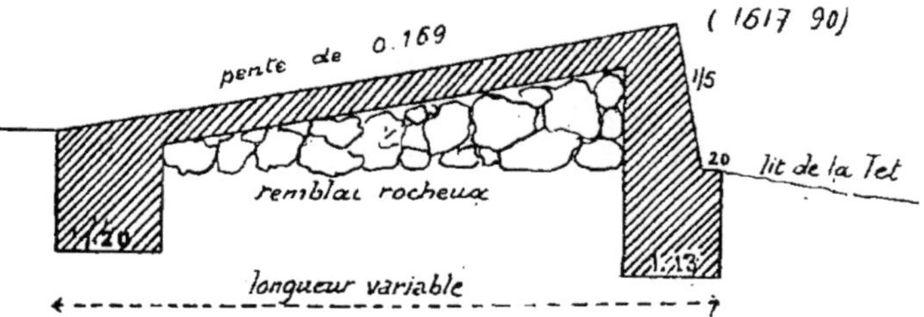

FIG. 27. Coupe du barrage de la prise d'eau.

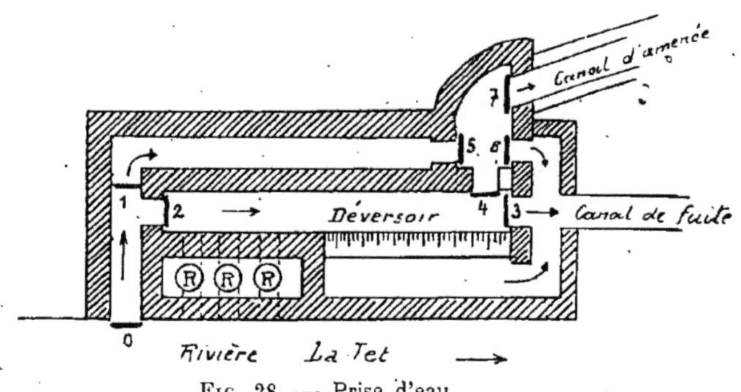

FIG. 28. — Prise d'eau.

L'eau est introduite dans le canal par 3 robinets-vannes R dont l'extrémité amont est retournée verticalement de façon à ne prendre que la partie supérieure des eaux retenues par le barrage. Ces robinets sont précédés d'une grille. Un déversoir assure une hauteur d'eau maximum de 0,90 dans le canal d'amenée.

D'autre part, les vannes 0, 1, 2, 3, 4, 5, 6, 7 (*fig.* 28), permettent soit d'envoyer 0,90 d'eau dans le canal, soit de remplir complètement le canal pour effectuer une chasse, soit de vider la retenue d'eau du barrage en l'envoyant dans le canal de fuite.

Nous donnons (*fig.* 29), une coupe de la première partie du canal d'amenée. Sa pente est de 0,0015 par mètre. Le revêtement des parois a été exécuté au béton de ciment, et lissé avec un enduit au mortier de ciment de 0,015; la couverture est constituée par des dalles en granit. Tous les 50 mètres environ, on a ménagé des regards en maçonnerie.

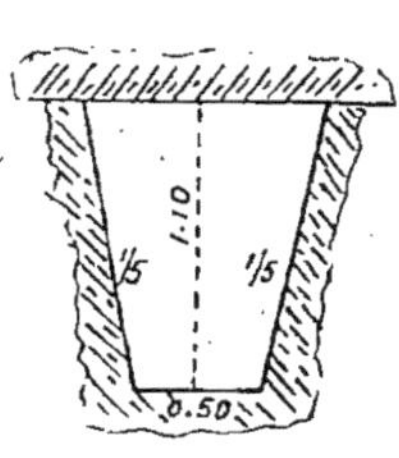

FᵢG. 29.

Section du canal simple.

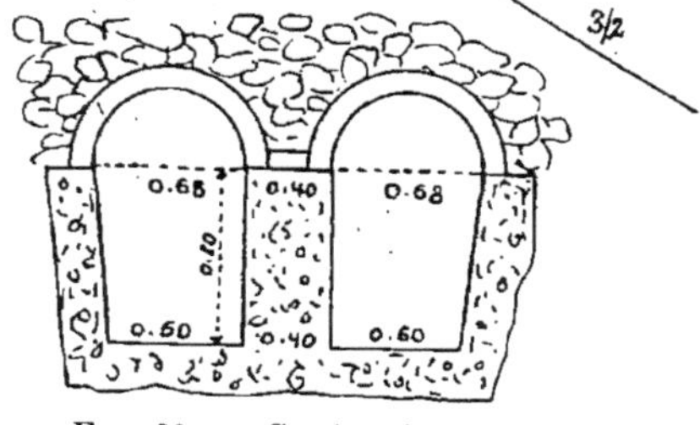

FᵢG. 30. — Section du canal double.

A 1.165 mètres environ de la prise d'eau on a installé un premier bassin de décantation de 1.600 mètres cubes environ de capacité utile en barrant le ravin de la Cameille; à 2.830 mètres plus loin on a creusé sur le plateau du Pla de l'Ous un deuxième bassin de décantation revêtu en béton de ciment armé d'une contenance d'environ 11.000 mètres cubes. La crête du déversoir de ce bassin est à la cote 1611,67.

Chaque bassin peut être isolé du canal à l'aide d'un dispositif spécial de vannes. De cette façon on peut vider les bassins par une vanne de fond et enlever ensuite les impuretés déposées sans interrompre la circulation de l'eau dans le canal.

Entre les deux bassins et à proximité du ruisseau du Rialé, on a installé un déversoir qui permet de rejeter les eaux du canal dans le ruisseau. A partir du bassin de décantation du Pla de l'Ous, le canal est double (*fig.* 30). Le revêtement des parois a été exécuté en béton de chaux et lissé avec un enduit en mortier de ciment de 0,015. La couverture a été faite en béton de ciment armé, à chaque demi-hectomètre environ on a ménagé des regards en maçonnerie.

Le canal double a une longueur de 1.515 mètres et une pente de 0,0025. Il aboutit au bassin de tête des conduites forcées, divisé lui-même en 4 bassins par des murs transversaux.

Du bassin de répartition on peut envoyer les eaux dans l'un quelconque des bassins de décantation, et de chacun des bassins de décantation on peut envoyer l'eau au bassin de charge des conduites forcées. Un déversoir dans le bassin de charge évacue le trop plein des eaux de ce bassin et un robinet-vanne placé au fond permet de le vider.

Ces divers bassins sont revêtus en béton de ciment et chacun des bassins de décantation a une contenance d'environ 1.000 mètres cubes. On peut, à l'aide de ce dispositif de canaux et de bassins, exécuter n'importe quelle manœuvre pour avoir de l'eau propre dans les conduites forcées.

Conduites forcées. — Les conduites forcées entre le bassin de tête et l'usine électrique ont une longueur de 1.000 mètres et réalisent une chute de 410 mètres.

Elles sont constituées par des tuyaux en acier de 40 centimètres de diamètre intérieur et de 4 à 12 millimètres d'épaisseur. Les épaisseurs ont été déterminées par la condition de limiter à 7 kil. au maximum par millimètre carré le travail de la tôle.

Les tuyaux sont à brides et ont une longueur de 12 à 13 mètres; la longueur des coudes a été réduite de 5 ou 6 mètres.

Les assemblages sont obtenus au moyen de collets soudés aux extrémités des tuyaux, sur lesquels s'appliquent des brides tournantes traversées par des boulons.

Les tôles d'acier doux ayant servi à la fabrication des tuyaux ont été obtenues en laminant des lingots fabriqués au four Martin à sole basique, devant présenter aux essais de réception une résistance minimum à la rupture de 32 kilos par millimètre carré de section avec allongement correspondant de 28 %.

CHEMIN DE FER

Le poids total des conduites est de 305 tonnes 130, leur prix de revient en place est de 1 fr. 93 environ le kilo.

FIG. 31. — Vue des conduites avant le remblaiement.

Les tuyaux reposent sur des supports en maçonnerie et sont recouverts par une couche de remblai de 0m60 d'épaisseur minimum.

Fig. 32. — Vue générale de l'usine centrale.

A chaque changement de pente on a établi dés butées ancrées dans des massifs en maçonnerie.

Les conduites sont commandées au départ par un robinet vanne et sont munies de reniflards.

Elles aboutissent dans le sous-sol de l'usine centrale à un collecteur unique qui alimente les quatre turbines. Le collecteur et les conduites à leur arrivée sont munis de limiteurs de pression destinés à éviter les effets des coups de bélier résultant d'une fermeture rapide.

Usine centrale de la Cassagne. — Le courant choisi pour l'alimentation des moteurs de traction est le courant continu, à la tension de 800 à 850 volts; il est distribué aux automotrices au moyen d'un rail latéral de contact, parallèle à la voie de roulement.

L'énergie nécessaire à la traction des trains est fournie par une usine centrale hydro-électrique située entre les haltes de Santo et Planès à 250 mètres environ de la voie ferrée.

Cette usine produit du courant continu à 850 volts utilisé directement pour la traction des trains et du courant triphasé à 20.000 volts qui est envoyé aux sous-stations de Villefranche, Thués-les-Bains, Odeillo, Err et Bourg-Madame où il est transformé en courant continu utilisé également pour la traction des trains.

Station centrale. — La station centrale comprend 4 groupes électrogènes (*fig.* 33), d'une puissance globale de 6.000 H. P. Chacun des groupes est formé d'une turbine hydraulique accouplée par l'intermédiaire d'un manchon élastique à une génératrice dimorphique, et d'un transformateur élévateur de tension.

La turbine est à axe horizontal, à aubage mobile spécial du type Pelton; elle peut fournir, sous une chute de 400 mètres, une puissance de 1.500 H. P. sur son arbre, en tournant à la vitesse de 375 tours par minute.

L'arrivée de l'eau sur les aubes est dirigée verticalement par un injecteur unique à languette, commandé par un régulateur de vitesse de haute précision.

Le poids du volant de la turbine est de 5.000 kilos.

Chaque turbine est munie d'un régulateur de pression pour éviter les coups de bélier.

Fig. 33.— Vue de l'usine pendant le montage.

Tous les robinets d'admission et de régulateur de pression sont réunis dans le sous-sol de l'usine pour éviter des projections d'eau dans la salle des machines.

Fig. 34. — Vue de l'usine pendant le montage.

Toutes les manœuvres des robinets et des régulateurs peuvent se faire électriquement depuis le tableau de distribution.

Les dynamos génératrices dimorphiques, d'une puissance normale de 850 kw sont établies pour fournir indifféremment du courant continu à 800-850 volts, ou du courant hexaphasé à 600 volts à la fréquence de 25 périodes par seconde. Elles sont du type à inducteur fixe et induit tournant.

L'emploi de génératrices dimorphiques constitue une des caractéristiques de l'installation; il permet de faire jouer à la station centrale le rôle de sous-station.

Les bagues de chacune des génératrices sont reliées aux enroulements primaires d'un transformateur-élévateur placé dans le sous-sol.

Les transformateurs sont à bain d'huile; leur refroidissement est assuré par une circulation d'eau dans un serpentin placé à la partie supérieure de la cuve qui les contient. Les enroulements secondaires fournisseut du courant triphasé à la tension de 20.000 volts.

Tableau de distribution. — Le tableau proprement dit, formé de panneaux en marbre dressés sur une extrade placée en travers de la salle des machines, porte les appareils de mesure, les manettes de commande des appareils de contrôle à haute tension, et les appareils de contrôle des circuits à courant continu. Tous les circuits et appareils à haute tension dont un accès facile serait particulièrement dangereux, interrupteurs à bain d'huile et relais, sont logés dans les maçonneries cellulaires rassemblées tout au fond de la salle des machines; les rails omnibus à 20.000 volts et les parafoudres occupent un étage spécial où ils sont complètement isolés.

XIII. — Ligne à haute tension

La ligne à haute tension est double sur toute sa longueur; elle est constituée par six câbles de bronze siliceux, d'une section de 10 millimètres carrés. Entre Villefranche et l'usine centrale, le câble en bronze a été remplacé par du câble d'aluminium d'une section de $17\,{}^{m\!/\!_m{}^2}4$.

Les isolateurs sont fixés à des traverses horizontales supportées

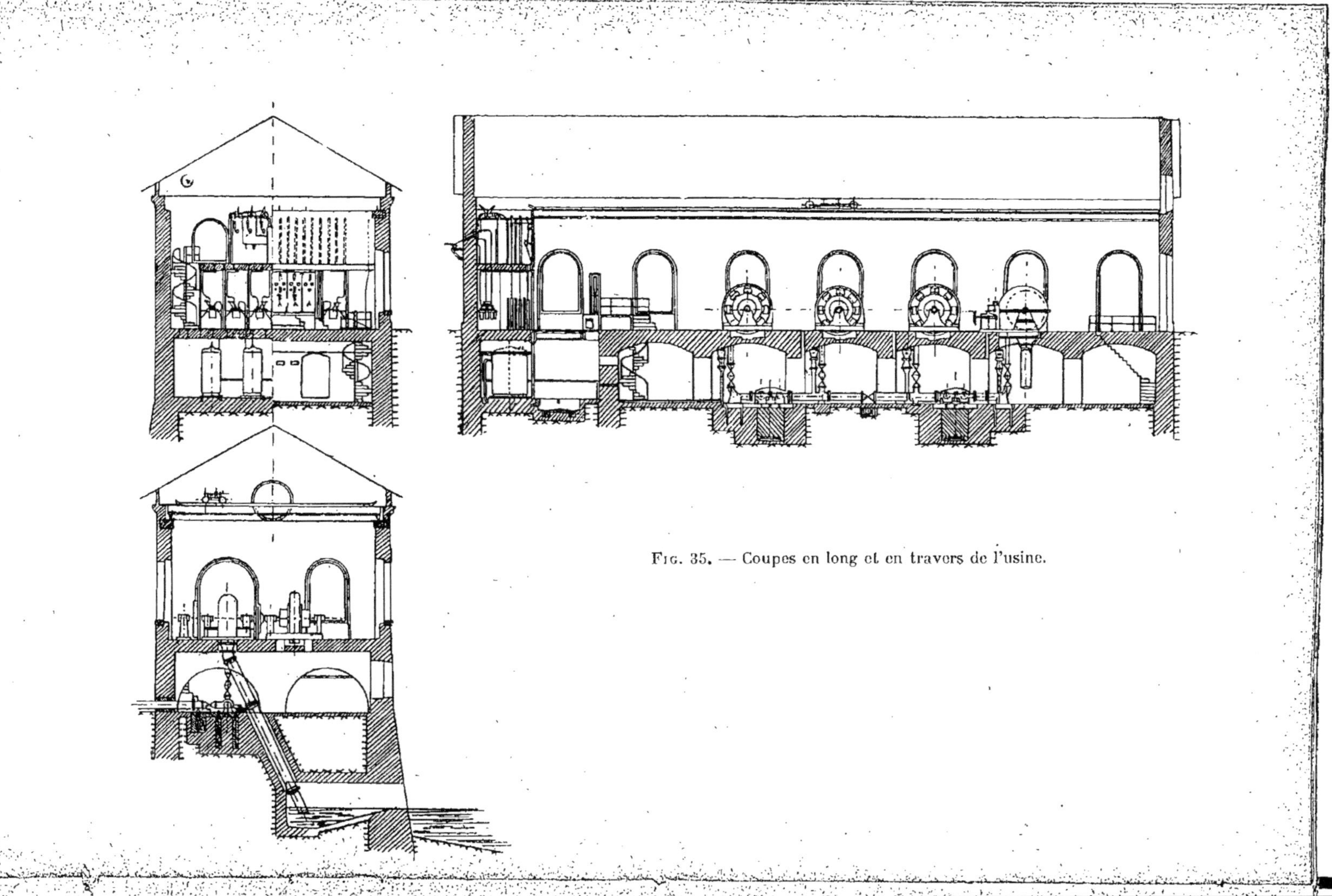

Fig. 35. — Coupes en long et en travers de l'usine.

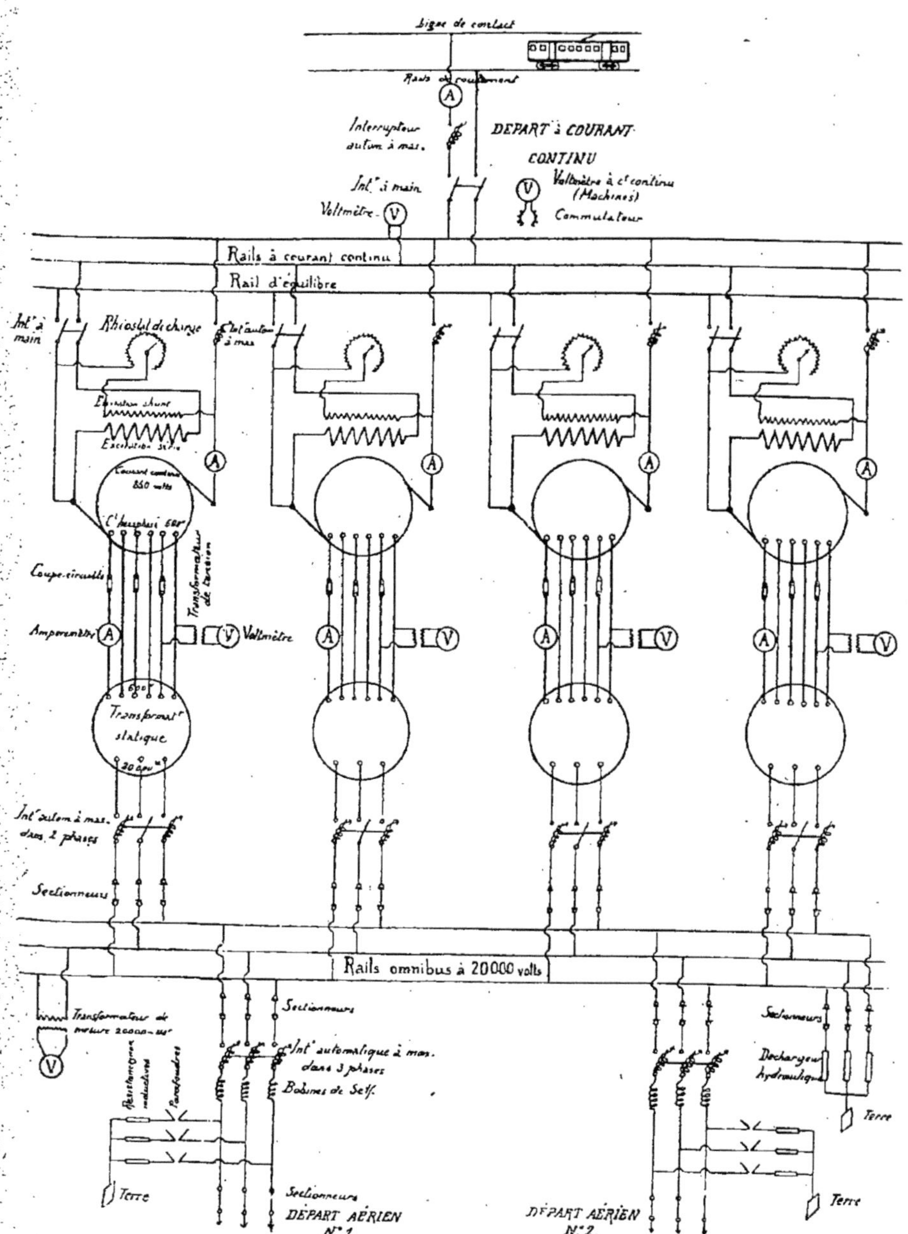

Fig. 36. — Schéma simplifié de l'installation

elles-mêmes par des poteaux en ciment armé entre Villefranche et l'usine et par des poteaux en bois de l'usine à Bourg-Madame.

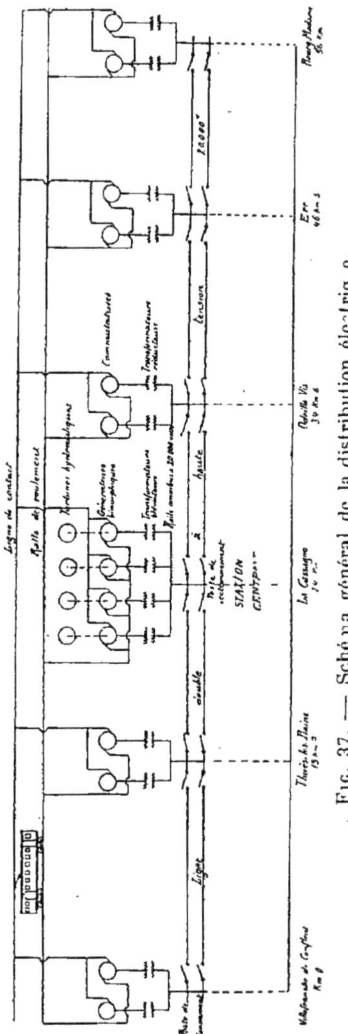

Fig. 37. — Schéma général de la distribution électriq e.

A la station centrale et à chacune des 5 sous-stations, un poste aérien de sectionnement permet d'isoler à volonté l'une ou l'autre des deux lignes.

XIV. — Sous-stations

Chacune des 5 sous-stations comporte deux groupes identiques formés : 1° d'un transformateur statique réducteur de tension à refroidissement par ventilateur qui reçoit le courant triphasé à 20.000 volts et fournit du courant hexaphasé à 600 volts pour l'alimentation de la commutatrice ; 2° d'une commutatrice (de construction très analogue à celle des génératrices dimorphiques) qui débite du courant continu à 800-850 volts, et dont le démarrage se fait au moyen du courant continu emprunté au rail de contact par l'intermédiaire d'un rhéostat de démarrage commun aux deux groupes.

La puissance normale de chaque groupe est de 600 k w. et peut atteindre en surcharge 1.000 kw.

Fig. 38. — Ligne à haute tension.

XV. — **Automotrices**

Les automotrices à voyageurs et à marchandises en service sur la ligne sont équipées de la même façon. Chacune d'elles comporte quatre moteurs de traction d'une puissance de 65 H. P. environ montés, d'une manière permanente, par deux en série sur la tension de 850 volts. La commande se fait par le système Sprague à unités multiples.

Chaque automotrice est montée sur deux bogies à 2 essieux. Les quatre roues de chaque bogie peuvent être freinées par de sabots actionnés soit au moyen d'un frein à vis soit au moyen du frein à air comprimé Westinghouse différentiel.

A ce mode de freinage s'ajoutent le freinage électrique qui consiste à faire débiter les moteurs sur des résistances et le freinage électro-magnétique qui consiste à faire poser quatre patins sur les rails.

Les wagons ordinaires à voyageurs et à marchandises ne comportent que le frein à vis et le frein à air comprimé. Tout le matériel roulant est muni de l'attelage automatique Leduc-Lambert.

Fig. 39. — Automotrice.

XVI. — **Prix de revient de la ligne**

Le prix de revient total de la ligne peut s'établir de la façon suivante :

1º Établissement de la plate-forme........	10.000.000	»
2º Réservoir de la Bouillouse.............	2.267.000	»
3º Canal, conduites forcées...............	1.392.000	»
4º Terrains et dommages	1.250.000	»
5º Pose de la voie et d'appareils divers, fourniture de ballast, bâtiments divers...........	1.885.000	»
6º Machines de l'usine et des sous-stations et équipement électrique......................	1.757.000	»
7º Matériel roulant...............	830.000	»
8º Études	202.000	»
Total.................	19.583.000	»

Soit environ par kilomètre 345.000 francs, somme à laquelle il y a lieu d'ajouter 25.000 environ pour la fourniture de la voie et de tous les accessoires nécessaires à l'exploitation. On obtient ainsi un total de 370.000 francs par kilomètre.

Le prix de revient moyen d'établissement de la plate-forme, non compris les terrains et les études, est d'environ 178.600 francs. Ce prix est très différent suivant les régions traversées par la ligne. Entre Villefranche et Joncet, partie peu accidentée exécutée pour la voie normale, il est de 190.000 francs.

Entre Joncet et Planès, partie très accidentée, il est de 315.000 francs.

Entre Planès et Estavar, partie des hauts plateaux accidentés, il est de 108.000 francs, et entre Estavar et Bourg-Madame, partie des hauts plateaux relativement peu accidentés, il est de 37.600 francs.

Le prix de revient des terrains est d'environ 21.500 francs par kilomètre.

Le prix de revient par kilomètre, de la superstructure comprenant : la fourniture et la pose de la voie et de tous les accessoires nécessaires à l'exploitation et la construction des bâtiments des stations, est d'environ 55.700 francs.

Le prix de revient du cheval-vapeur fourni par l'usine centrale est d'environ 340 francs, en ne tenant pas compte du prix d'établissement du réservoir de la Bouillouse.

J. Castex,
Conducteur des Ponts et Chaussées.

TABLE DES MATIÈRES

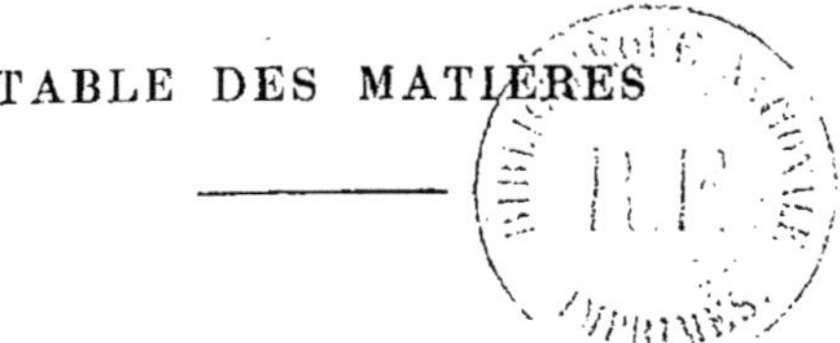

Angers, imp. G. Grassin. — 1013-13